Era la Noche Antes del Nacimiento de Cristo

La Verdadera Historia de Navidad

Escrito por Julie Wentz

Ilustrado por Kennedy Carullo

Tapa blanda ISBN: 978-1-964924-90-8
Tapa dura ISBN: 978-1-964924-00-7

burning soul press

Era la noche antes de nacer, del Cristo que habría de renacer.
Ni un susurro flotó en el lugar, ni un corderito se oyó murmurar.
Los profetas de tiempos pasados ya lo habían bien profetizado:
que un Rey vendría del linaje fiel, del trono bendito de Israel.

Dios hizo el mundo a la perfección, pero el pecado trajo división.
Entonces Él bajó sin esplendor, dejando Su trono por puro amor.
Él vino sin nada, sin protección, a preparar nuestra redención.
Un niño pequeño, desnudo, sin más, trayendo la gloria de Su paz.

José llevó a María al portal, guiado del cielo por lo celestial.
Entre animales, tierra y calor, dio a luz la Virgen al Salvador.
Sin trono, sin cuna, sin gran honor, nació Jesús, el Mesías, Señor.
Y en un pesebre lo recostó, con suave tela lo envolvió.

El cielo bajo, Dios se acercó, ya no era extraño—¡Él nos amó!
Los pastores al campo velaban, sin saber lo que se acercaba.

Un ángel brilló con gran resplandor, y todos temblaron de puro temor.
Pero aquel mensajero del Señor les habló con gozo y sin temor:
"No teman, traigo buenas noticias, llenas de gozo y de profecías:
Hoy nació el Rey, el Hijo de Dios, el Salvador, ¡nuestro Redentor!

Sigan la estrella que resplandeció, allí encontrarán al que nació."
Corrieron los hombres sin titubear, y al Niño llegaron a adorar.
Cantaron con gozo, oraron con fe, y se arrodillaron ante su Rey.
Allí estaba el Niño, tan celestial, la promesa viva, el bien sin igual.

Y lejos viajaron, con corazón, tres sabios guiados por revelación.
Vieron la estrella brillar sin cesar, y supieron que debían marchar.
"¿Qué es esta gloria sobre el altar?" dijeron al cielo sin titubear.
La estrella los guió sin descansar, y el cielo exhaló un santo suspirar.

"¡Santo, Santo, Santo!"

Trajeron ofrendas de gran valor: incienso, mirra y puro esplendor.
Y al ver al Niño se postraron, con santo asombro lo adoraron.
La familia santa con humildad, recibió los dones con bondad.
Todo el mundo se quedó en quietud, lleno de gozo y de gratitud.

José y María en contemplación, recordaron la gran revelación:
Un Rey nacerá para redimir, al pueblo herido por su sufrir.
Jesús, el Mesías, hecho niño, trajo esperanza, paz y cariño.
Una historia nueva iba a empezar, con luz divina para alumbrar.

El mal se ha ido, la muerte cayó, y el cielo en su gloria se regocijó
Y todos los ángeles a una voz cantaron "¡Gloria al Santo Dios!"

La Biblia
Al principio,
Dios creó los
cielos y la
tierra.
Génesis 1: 1

La Biblia
Al principio estaba
la Palabra, y la
Palabra estaba
con Dios y la
Palabra era Dios.
Juan 1: 1

Mientras dormía el Niño en Su paz,
Yahveh habló con fuerza y solaz:

"Este es Mi don, Mi herencia eterna. Vida sin fin, Mi promesa tierna. Feliz nacimiento del Rey de amor, para todos paz, para todos honor." Y desde Belén hasta cada rincón, ¡Él trajo al mundo su salvación!

Escanee el código QR para escuchar la historia directamente del corazón del autor.

"El Hijo de Dios se hizo hombre para permitir que los hombres llegaran a ser hijos de Dios."
C.S. Lewis Mero cristianismo

EL RESTO DE LA HISTORIA

Es importante enseñar a sus hijos y nietos la historia del nacimiento y la vida de Jesús de la Biblia. Estos son versículos del Antiguo y Nuevo Testamento que puedes encontrar en la Biblia y leerles a tus hijos.

Antiguo Testamento
Isaías 7:14

Isaías 9:6

Isaías 11:1-5

Miqueas 5:2

Nuevo Testamento
Mateo 1:23

Mateo 2:21-22

Lucas 1:26-31

Lucas 2:1-7

Lucas 2:12, 15-17

La muerte de Jesús
Salmos 22:1,7-8, 16-18

Isaías 53:7, 9

Mateo 27

Adviento de Navidad –

"La venida de Cristo"

Nacimiento de Jesús

1 Por aquellos días, César Augusto decretó que se levantara un censo en todo el Imperio romano. 2 (Este primer censo se efectuó cuando Cirenio gobernaba en Siria). 3 Así que iban todos a inscribirse, cada cual a su propio pueblo. 4 También José, que era descendiente del rey David, subió de Nazaret, ciudad de Galilea, a Judea. Fue a Belén, la ciudad de David, 5 para inscribirse junto con María, su esposa. Ella se encontraba encinta, 6 y, mientras estaban allí, se le cumplió el tiempo. 7 Así que dio a luz a su hijo primogénito. Lo envolvió en pañales y lo acostó en un pesebre, porque no había lugar para ellos en la posada.

8 En esa misma región había unos pastores que pasaban la noche en el campo, turnándose para cuidar sus rebaños. 9 Sucedió que un ángel del Señor se les apareció. La gloria del Señor los envolvió en su luz, y se llenaron de temor. 10 Pero el ángel les dijo:

—No tengan miedo. Miren que les traigo buenas noticias que serán motivo de mucha alegría para todo el pueblo. 11 Hoy les ha nacido en la ciudad de David un Salvador, que es Cristo el Señor. 12 Esto les servirá de señal: encontrarán a un niño envuelto en pañales y acostado en un pesebre.

13 De repente apareció una multitud de ángeles del cielo, que alababan a Dios y decían:

14 «Gloria a Dios en las alturas,
y en la tierra paz a los que gozan de su buena voluntad».

15 Cuando los ángeles se fueron al cielo, los pastores se dijeron unos a otros:

—Vamos a Belén a ver esto que ha pasado y que el Señor nos ha dado a conocer. 16 Así que fueron de prisa y encontraron a María y a José, y al niño, que estaba acostado en el pesebre. 17 Cuando vieron al niño, contaron lo que les habían dicho acerca de él, 18 y cuantos lo oyeron se asombraron de lo que decían los pastores. 19 María, por su parte, guardaba todas estas cosas en su corazón y meditaba acerca de ellas.

20 Los pastores regresaron glorificando y alabando a Dios por lo que habían visto y oído, pues todo sucedió tal como se les había dicho.

Por qué se escribió este libro

Me crié con "La noche antes de Navidad" cada Nochebuena leída por mi padre. Una vez al año, sacaba el papel negro brillante con letras rojas y blancas del banco del piano y se lo leía a mis dos hermanos, a mi hermana y a mí. Mis dos hermosas hijas fueron criadas con el libro "La noche antes de Navidad" que se les leía cada Nochebuena. Fue un momento especial, compartiendo con ellos la mágica historia de Papá Noel. Pero era Papá Noel, no la verdadera historia de la Navidad. No había ninguna historia sobre el nacimiento de Jesús fuera de la Biblia para que los niños la escucharan.

En diciembre de 2023, antes de Navidad, el Espíritu Santo me dijo; "Quiero que escribas MI HISTORIA. La verdadera historia". Me quedé confundida y dije; —¿Qué quieres decir, Señor? Él dijo: "Reescribe la 'Noche antes de Navidad' para mí... Mi historia".

Me senté y las palabras empezaron a fluir. ¡Fue un movimiento del Espíritu, ya que no soy escritor!
La historia se desarrolló y con solo unos pocos cambios, y la ayuda de un autor / editor publicado, "La noche antes del nacimiento de Cristo" ha llegado a buen término. Si hubiera tenido esta historia cuando mis hijas eran pequeñas, habría estado leyendo esto, LA VERDADERA HISTORIA de la Navidad. El tiempo de Dios siempre es perfecto y ahora te lo traigo a ti, a tus hijos, nietos y a las generaciones futuras. Es hora de dejar la fantasía a un lado y poner la verdadera historia de Jesucristo al frente y al centro.

La historia está escrita en 11 estrofas y en la cadencia de "La noche antes de Navidad", excepto que TODA la historia trata sobre la predicción y el nacimiento de Jesús. El "resto de la historia", al final del libro, comparte versículos de la Biblia, tanto del Antiguo como del Nuevo Testamento, para que los padres puedan leer más sobre la "historia" directamente de la Biblia a sus hijos y nietos.

Dedico este libro a mis hermosas niñas, Alaina y mi preciosa Cassandra, que ya es un Ángel en el Cielo. Sé que ella está allí con Jesús, mirándome, leyendo junto con la historia.

Julie Wentz

Las ganancias de este libro van al Ministerio Apacienta Mis Ovejas, un Ministerio de Santiago 1:27; "La religión que Dios acepta como pura e inmaculada es para cuidar de los huérfanos y las viudas en su aflicción y para guardarse de ser contaminado por el mundo".
www.feedmysheepministry.us